DIESES

BUCH GEHÖRT

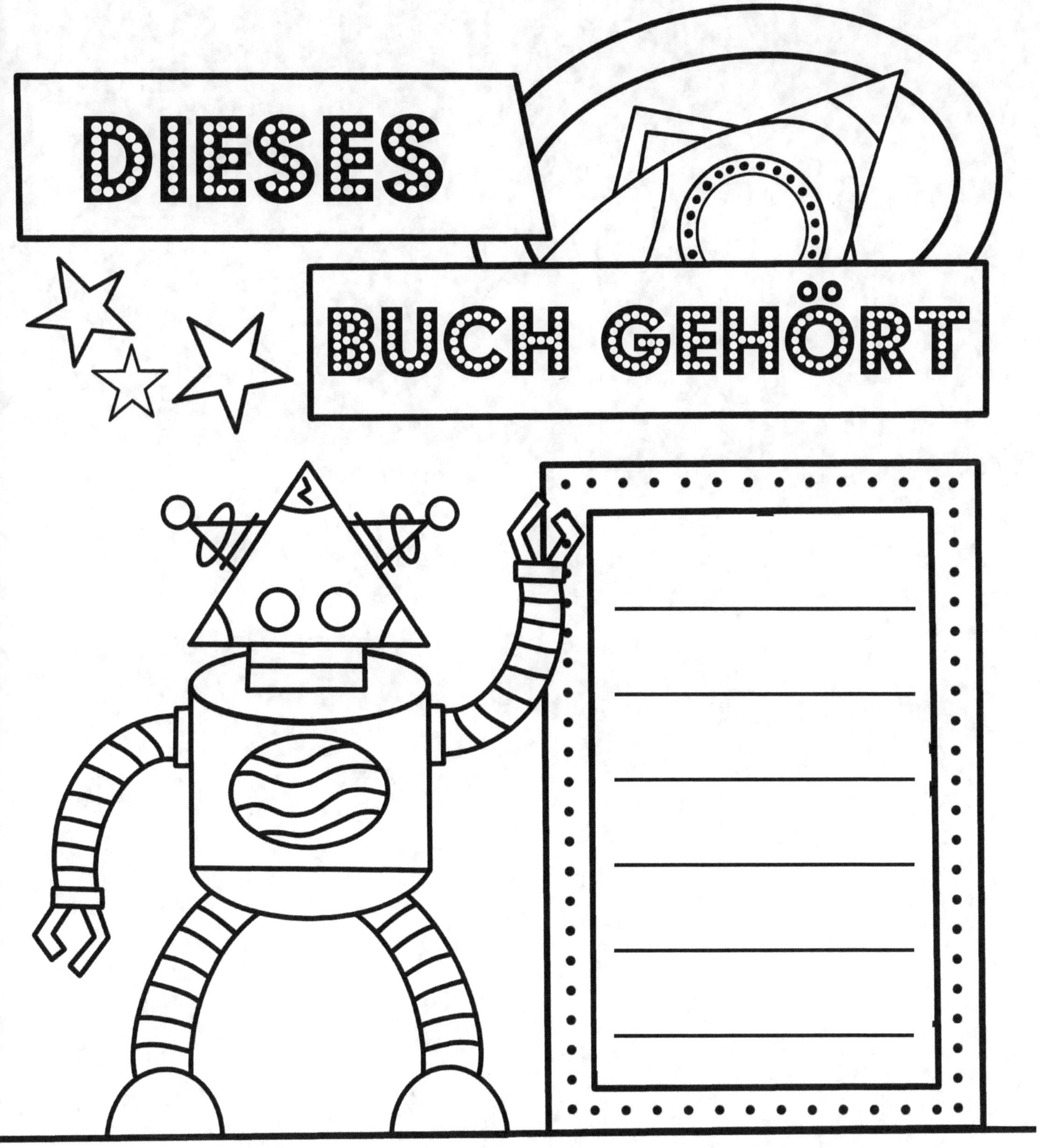

FARBE TESTSEITE

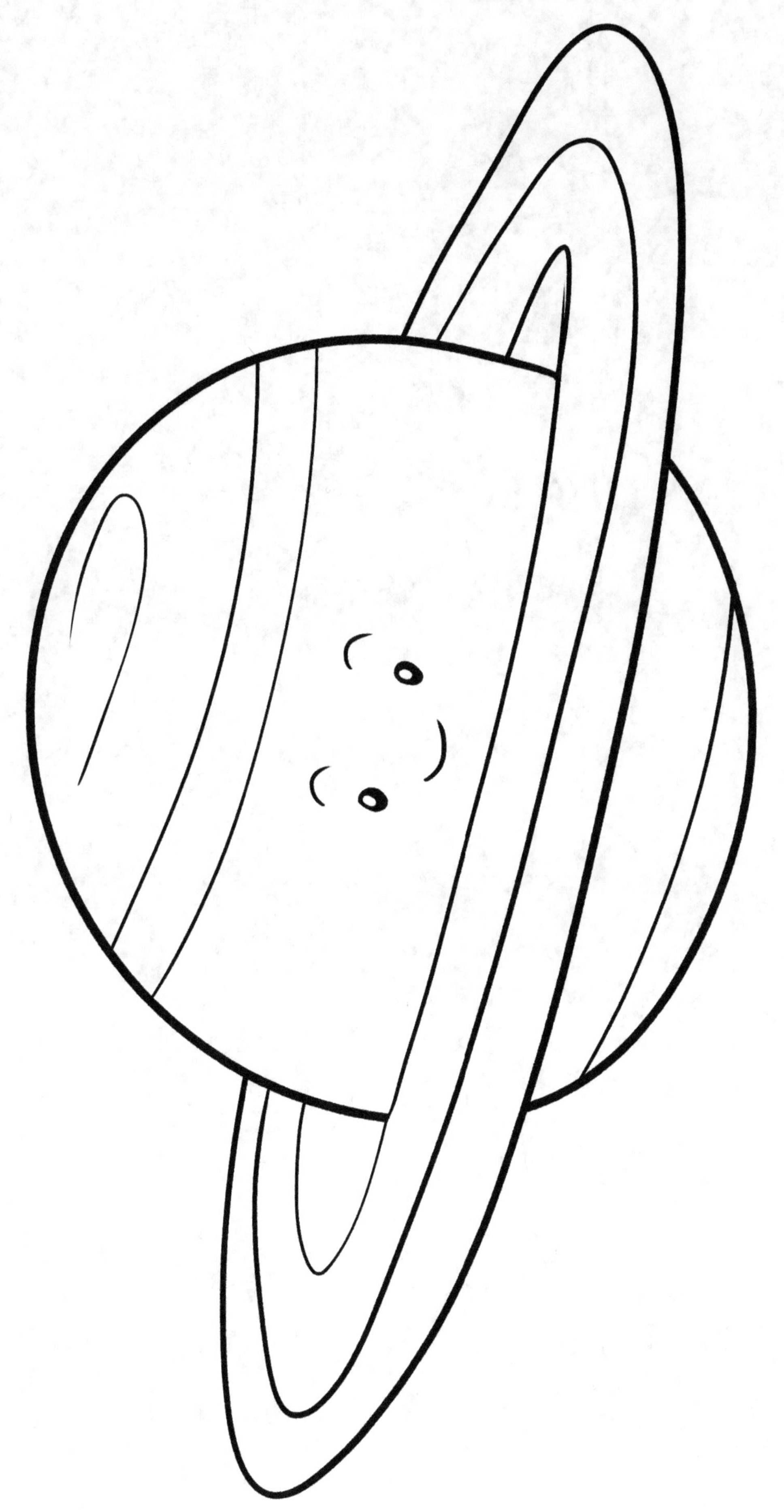

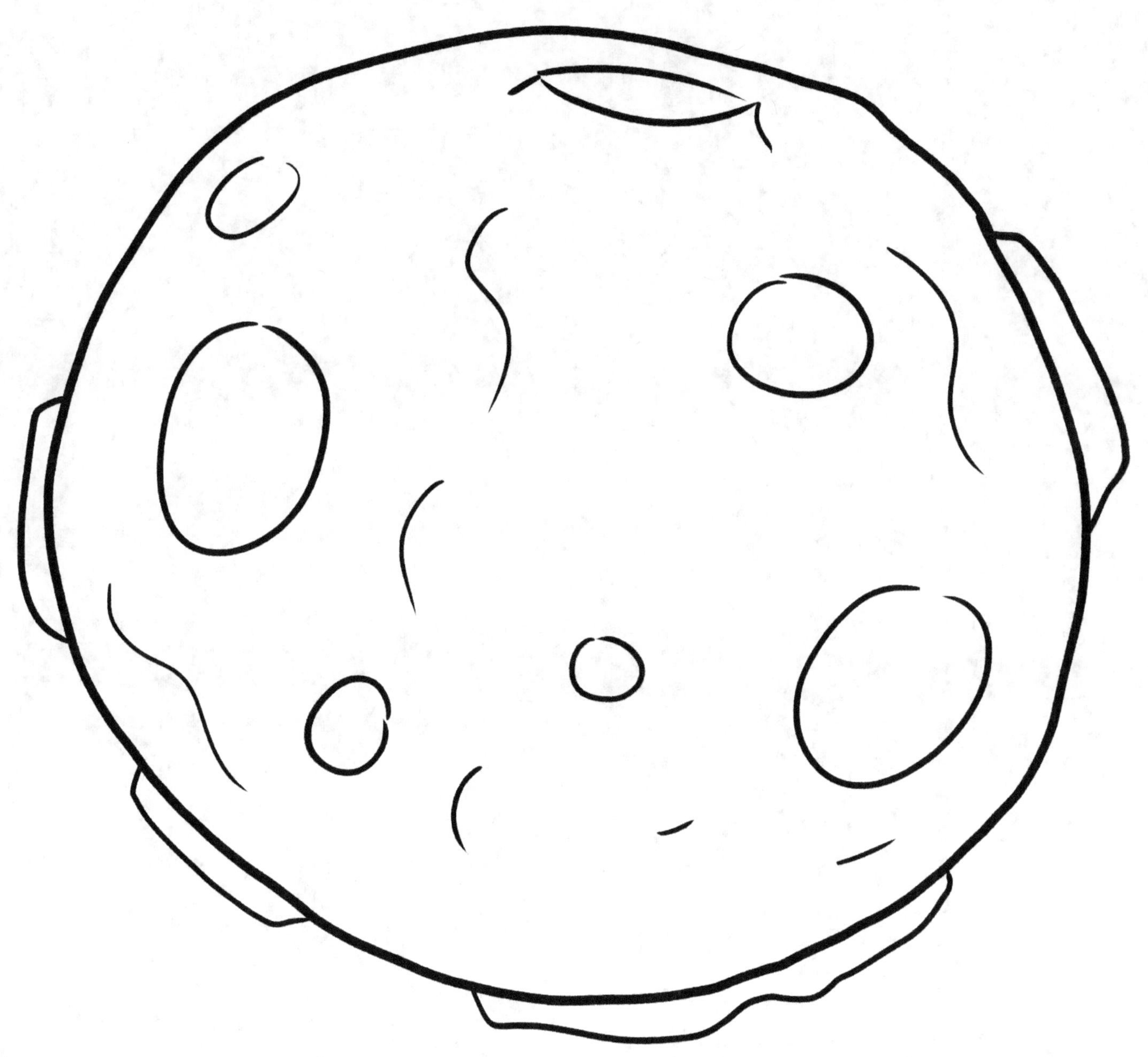

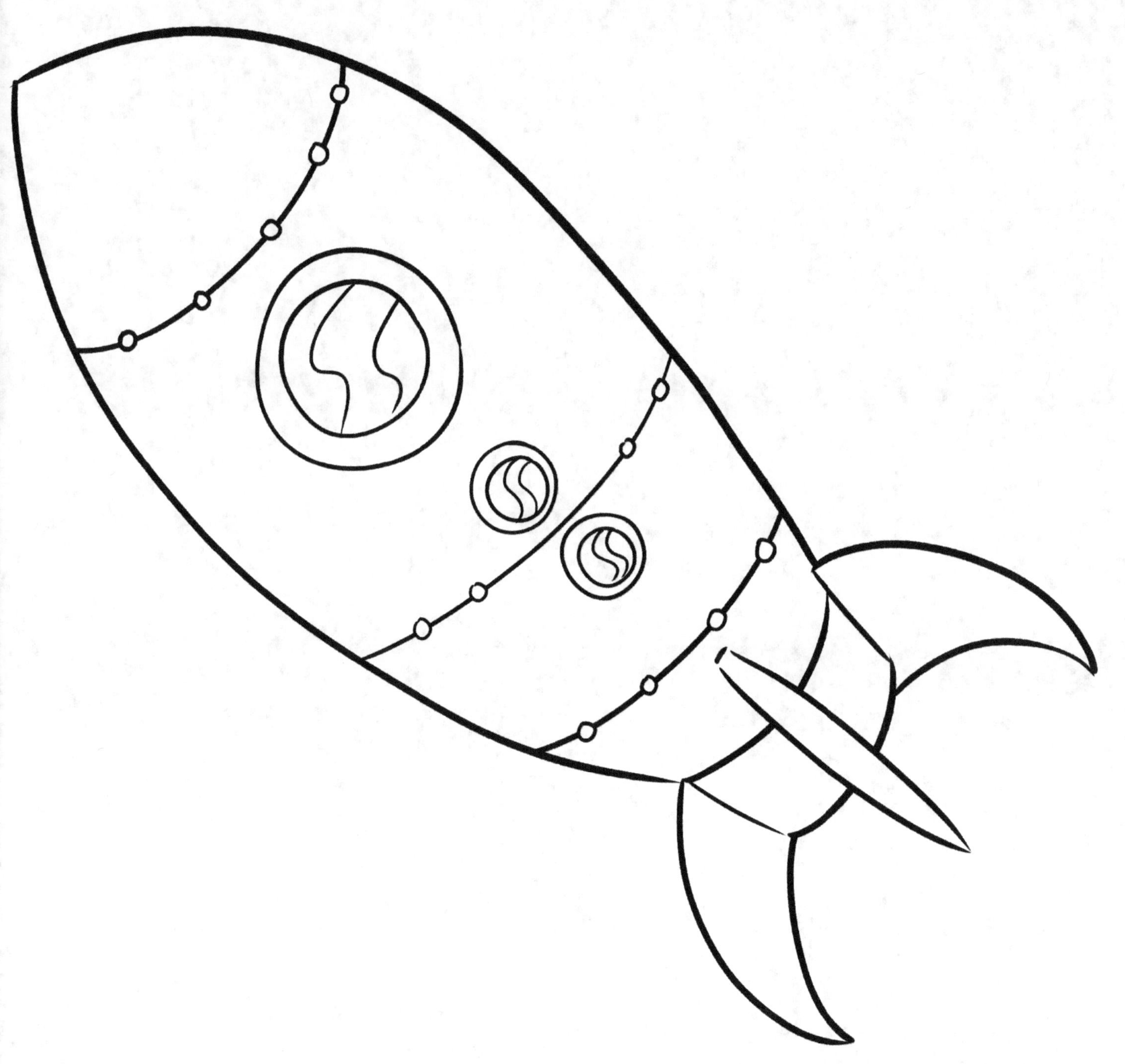

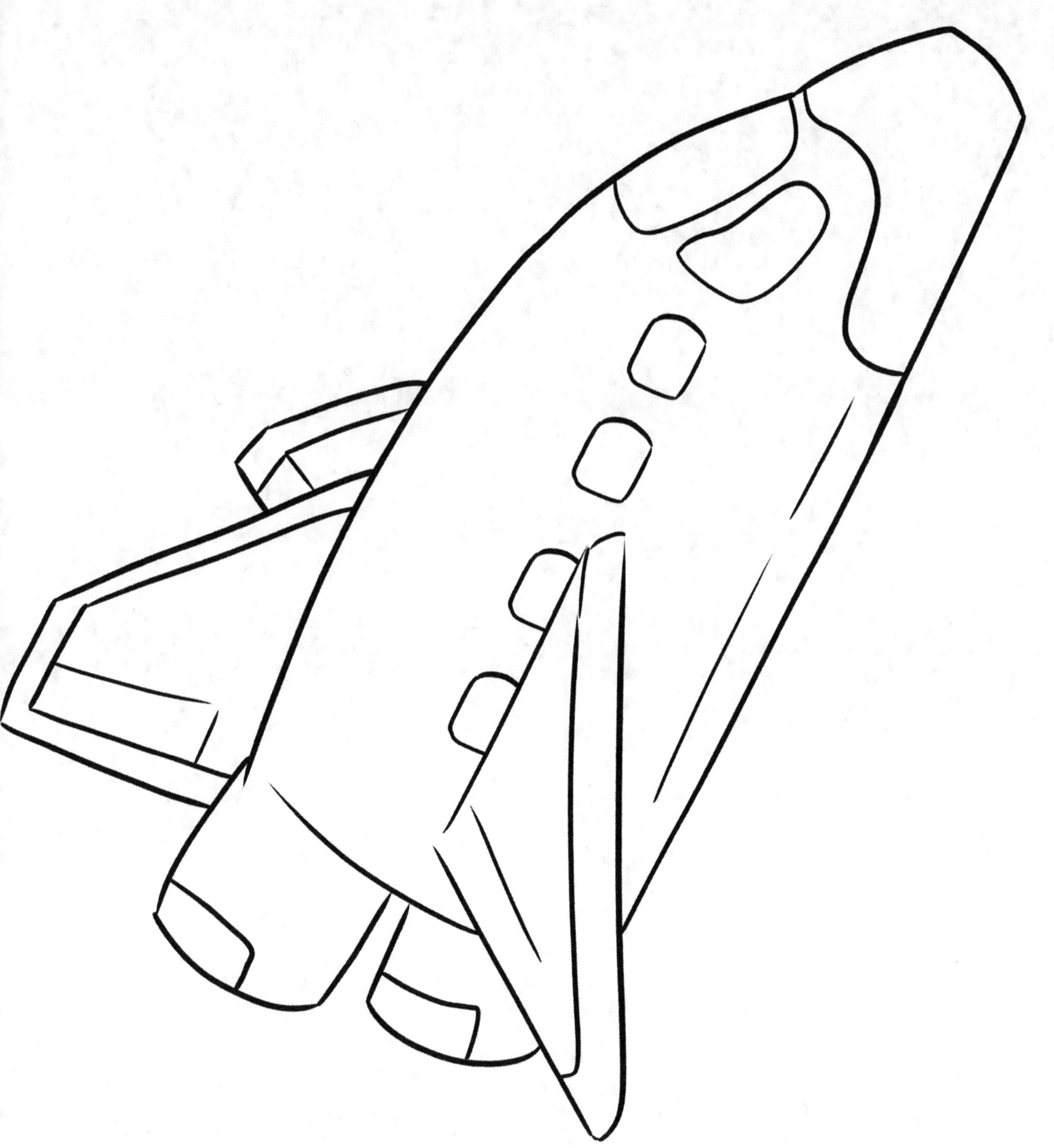

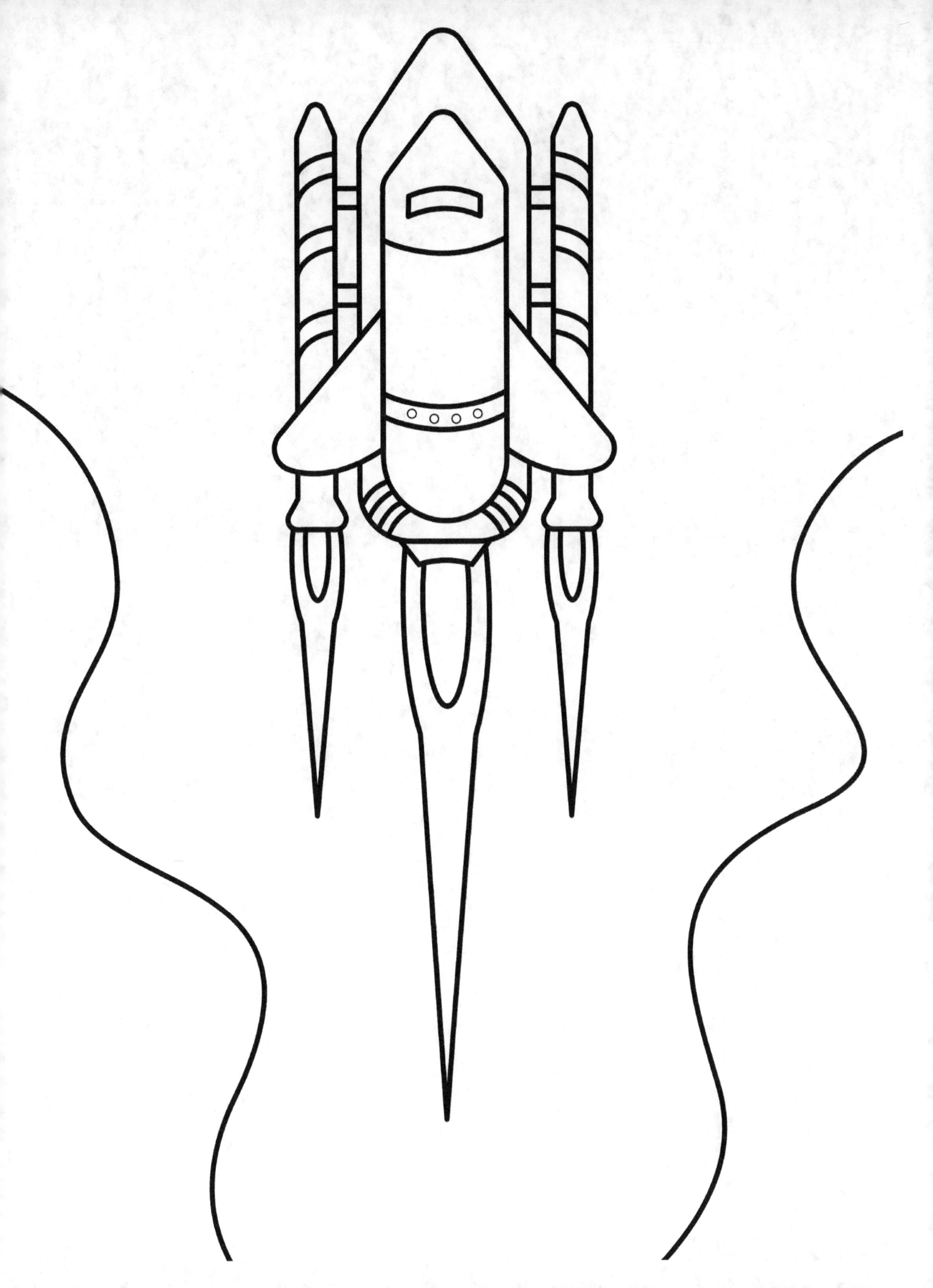